Leise rieselt der Schnee

Texte und Bilder
Auswahl und Nachwort
von Gisela Linder
Insel Verlag

Erste Auflage 1997
© Insel Verlag Frankfurt am Main und Leipzig 1997
Text- und Bildnachweise am Schluß des Bandes
Alle Rechte vorbehalten, insbesondere das des
öffentlichen Vortrags sowie der Übertragung durch
Rundfunk und Fernsehen, auch einzelner Teile.
Kein Teil des Werkes darf in irgendeiner Form
(durch Fotografie, Mikrofilm oder andere Verfahren)
ohne schriftliche Genehmigung des Verlages reproduziert
oder unter Verwendung elektronischer Systeme
verarbeitet, vervielfältigt oder verbreitet werden.
Satz: Hümmer GmbH, Waldbüttelbrunn
Schrift: Linotype Sabon
Druck: MZ-Verlagsdruckerei, Memmingen
Printed in Germany
ISBN 3-458-19179-8

2 3 4 5 6 7 – 05 04 03 02 01 00

Leise rieselt der Schnee

An deiner Seite

Ich will
an deiner Seite
still
über beschneite
Wege gehn,
tief in das unbekannte Weiße,
und alle Spuren sollen hinter uns verwehn.
Dir werden Flocken leicht im Haare hangen,
in Deinem Lächeln sich verfangen,
in blauem Atem glitzern und zergehn.
Du bist so leise,
als könntest Du verstehn,
daß wir schon lange nur auf Flocken schreiten
und endlos fallend aus den Ewigkeiten
ins Grenzenlose sanft herniedergleiten.

Ernst Penzoldt

Caspar David Friedrich. Frühschnee, um 1828

Schneien

Es schneit, schneit, was vom Himmel herunter mag, und es mag Erkleckliches herunter. Das hört nicht auf, hat nicht Anfang und nicht Ende. Einen Himmel gibt es nicht mehr, alles ist ein graues weißes Schneien. Eine Luft gibt es auch nicht mehr, sie ist voll Schnee. Eine Erde gibt es auch nicht mehr, sie ist mit Schnee und wieder mit Schnee zugedeckt. Dächer, Straßen, Bäume sind eingeschneit. Auf alles schneit es herab, und das ist begreiflich, denn wenn es schneit, schneit es begreiflicherweise auf alles herab, ohne Ausnahme. Alles muß den Schnee tragen, feste Gegenstände wie Gegenstände, die sich bewegen, wie z. B. Wagen, Mobilien wie Immobilien, Liegenschaften wie Transportables, Blöcke, Pflöcke und Pfähle wie gehende Menschen. Kein Fleckchen existiert, das vom Schnee unberührt bleibt, außer was in Häusern, in Tunneln oder in Höhlen liegt. Ganze Wälder, Felder, Berge, Städte, Dörfer, Ländereien werden eingeschneit. Auf ganze Staatswesen, Staatshaushaltungen schneit es herab. Nur Seen und Flüsse sind uneinschneibar. Seen sind unmöglich einzuschneien, weil das Wasser allen Schnee einfach ein- und aufschluckt, aber dafür sind Gerümpel, Abfällsel, Hudeln, Lumpen, Steine und Geröll sehr veranlagt, eingeschneit zu werden. Hunde, Katzen, Tauben, Spatzen, Kühe und Pferde sind mit Schnee bedeckt, ebenso Hüte, Mäntel, Röcke, Hosen, Schuhe und Nasen. Auf das Haar von hübschen Frauen schneit es ungeniert herab, ebenso auf Gesichter, Hände und auf die Augenwimpern von zur Schule gehenden zarten kleinen Kindern. Alles, was steht, geht, kriecht, läuft und springt, wird sauber eingeschneit. Hecken werden mit weißen Böllerchen geschmückt, farbige Plakate werden weiß zugedeckt, was da und dort vielleicht gar nicht schade ist. Reklamen werden unschädlich und unsichtbar gemacht, worüber sich die Urheber vergeblich beklagen. Weiße Wege gibt's, weiße Mauern, weiße Äste, weiße Stangen, weiße Gartengitter, weiße Äcker, weiße Hügel und weiß Gott was sonst noch alles. Fleißig und emsig fährt es fort mit Schneien, will, scheint es, gar nicht wieder aufhören. Alle Farben, rot, grün, braun und blau, sind vom Weiß eingedeckt. Wohin man schaut, ist alles schneeweiß; wohin du blickst, ist alles schneeweiß. Und still ist es, warm ist es, weich ist es, sauber ist es. Sich im Schnee schmutzig zu machen, dürfte sicher ziemlich schwer, wenn nicht überhaupt unmöglich sein. Alle Tannenäste sind voll Schnee, beugen sich unter der dicken weißen Last tief zur Erde herab, versperren den Weg. Den Weg? Als wenn es noch einen Weg gäbe! Man geht so, und indem man geht, hofft man, daß man auf dem rechten Weg sei. Und still ist es. Das Schneien hat alles Geräusch, allen Lärm, alle Töne und Schälle eingeschneit. Man hört nur die Stille, die Lautlosigkeit, und die tönt wahrhaftig nicht laut. Und warm ist es in all dem dichten weichen Schnee, so warm wie in einem heimeligen Wohnzimmer, wo friedfertige Menschen zu irgendeinem feinen lieben Vergnügen versammelt sind. Und rund ist es, alles ist rundherum wie abgerundet, abgeglättet. Schärfen, Ecken und Spitzen sind zugeschneit. Was kantig und spitzig war, besitzt jetzt eine weiße Kappe und ist somit abgerundet. Alles Harte, Grobe, Holperige ist mit Gefälligkeit, freundlicher Verbindlichkeit, mit Schnee, zugedeckt. Wo du gehst, trittst du nur auf Weiches, Weißes, und was du anrührst, ist sanft, naß und weich. Verschleiert, ausgeglichen, abgeschwächt ist alles. Wo ein Vielerlei und Mancherlei war, ist nur noch eines, nämlich Schnee; und wo Gegensätze waren, ist ein Einziges und Einiges, nämlich Schnee. Wie süß, wie friedlich sind alle mannigfaltigen Erscheinungen, Gestalten miteinander zu einem einzigen Gesicht, zu einem einzigen sinnenden Ganzen verbunden. Ein einziges Gebilde herrscht. Was stark hervortrat, ist gedämpft, und was sich aus der Gemeinsamkeit emporhob, dient im schönsten Sinne dem schönen, guten, erhabenen Gesamten. Aber ich habe noch nicht alles gesagt. Warte noch ein wenig. Gleich, gleich bin ich fertig. Es fällt mir nämlich ein, daß ein Held, der sich tapfer gegen eine Übermacht wehrte, nichts von Gefangengabe wissen wollte, seine Pflicht als Krieger bis zu allerletzt erfüllte, im Schnee könnte gefallen sein. Von fleißigem Schneien wurde das

Gesicht, die Hand, der arme Leib mit der blutigen Wunde, die edle Standhaftigkeit, der männliche Entschluß, die brave tapfere Seele zugedeckt. Irgendwer kann über das Grab hinwegtreten, ohne daß er etwas merkt, aber ihm, der unterm Schnee liegt, ist es wohl, er hat Ruhe, er hat Frieden, und er ist daheim. – Seine Frau steht zu Hause am Fenster und sieht das Schneien und denkt dabei: »Wo mag er sein, und wie mag es ihm gehen? Sicher geht es ihm gut.« Plötzlich sieht sie ihn, sie hat eine Erscheinung. Sie geht vom Fenster weg, sitzt nieder und weint.

Robert Walser

Ort und Stelle

Es schneit in die Konturen der Wälder
Nördliche Buchenwälder zu der Zeit
Gebogen paßt der Schneefall
Schwarzgrauem Waldleib sich an.
Rot das Laub auf den Wurzeln
Über den Kronen im Milchsuppenhimmel
Erscheinen die Flocken wie Ruß.
Indem die Kristalle sich wandeln
Wochenlang niederstürzen
Türmen sie Wälle halb vor das Herz.

Sarah Kirsch

Beim Querfeldeingehen dann fing es zu schneien an. »Schneien« und »Anfangen«, das gehörte für ihn, wie sonst kaum zwei Vorgänge, zusammen, und »der erste Schnee«, das war etwas wie der erste Zitronenfalter im Vorfrühling, der erste Kuckucksruf im Mai, das erste Unters-Wasser-Tauchen im Sommer, der erste Biß in einen Herbstapfel. Dabei war die Erwartung mit den Jahren wirksamer geworden als das Ereignis selbst: Auch diesmal war es, als habe er die Flocken, die ihn jetzt nur streiften, im voraus mitten auf seiner Stirn gespürt.

Auf dem freien Feld, über das er seine übliche Diagonale zog, hatte die gerade gewonnene Namenlosigkeit, begünstigt durch den Schneefall und das Alleingehen, Bestand. Es war ein Erlebnis, das man früher einmal vielleicht »Entgrenzung« oder »Entselbstung« genannt hätte. Endlich nur noch draußen, bei den Dingen, zu sein, das war eine Art von Begeisterung; es war, als wölbten sich dabei die Augenbrauen. Ja, den Namen los zu sein, begeisterte; man schien dadurch, wie der legendäre chinesische Maler, verschwunden im Bild; sah zum Beispiel die Greifarme eines Trolleybusses in der Ferne an einer einzelnen hohen Kiefer vorbeistreichen wie Fühler. Sonderbar, daß so viele Menschen im Alleinsein, mit ihrem Brummen, Geräusper und Schnauben, an jene knisternden Maschinen erinnerten, die endlich wieder in Gang gesetzt werden sollen, und daß es mit ihm in der Regel gerade umgekehrt war: erst allein mit den Dingen, namenlos, kam er richtig in Gang. Hätte ihn jetzt jemand gefragt, wie er heiße, so wäre die Antwort »Ich habe keinen Namen« gewesen, und zwar mit einem solchen Ernst, daß ihn der Frager auf der Stelle verstünde.

Der Schnee blieb zuerst liegen auf dem Grasmittelstreifen, als lägen da Birkenstämme auf dem Weg, einer hinter dem andern, so fortgesetzt bis in den Horizont. In einem stachligen Busch wurden die einzelnen Kristalle auf die Dornen gespießt und umgaben dann diese wie Halskrausen. Obwohl außer ihm kein

Mensch unterwegs war, schien er mit jedem Schritt in die Spur eines, der da schon gegangen war, zu treten. Hier, an der Stadtgrenze, war der Ort, der dem, was er tagsüber am Schreibtisch getan hatte, entsprach. Er wollte laufen und blieb statt dessen, auf einer hölzernen Bachbrücke, stehen. Die Gegend wurde durchbraust von einem aufsteigenden Flugzeug, und auf dem Grund des Wassers schlängelte sich das Gras. Der Schnee, inzwischen keine herabschwebenden Flocken mehr, sondern kleine harte Kugeln, tauchte tief in den Bach, wie im Herbst sonst die Eicheln, und zugleich kam aus der Ferne durch die Dämmerung das Schlittern und Krachen dörflicher Eisstöcke, mit denen dem Lauscher momentlang die Vorfahren lebendig wurden. Er setzte zu einem Lobpreis auf sein Schuhwerk an, das warm die Knöchel umschließende, das angenehm schwere, als auf die ersten Schuhe in seinem Leben, mit denen gut gehen war: »Mit euren Vorgängern war ich immer in Gefahr, zu hetzen. Ihr jetzt aber seid die richtigen, weil ich in euch spürbar die Erde stampfe, und vor allem, weil ihr mir als die so nötigen *Hemmschuhe* dient. Ihr wißt ja, die einzige Erleuchtung, die ich bisher hatte, ist die Langsamkeit.«

Am Stadtrand, auf der Bank eines überdachten Bushalts, nahm er seinen Platz ein. Je aufrechter er saß und je langsamer er atmete, desto wärmer wurde ihm. Der Schnee schabte im Fallen an der Kabine. Diese war wie die Bank aus grauverwittertem Holz; an der Hinterwand eine dicke Schicht von Plakatresten, eine weiße Fetzenschrift ohne Sinn.

Peter Handke

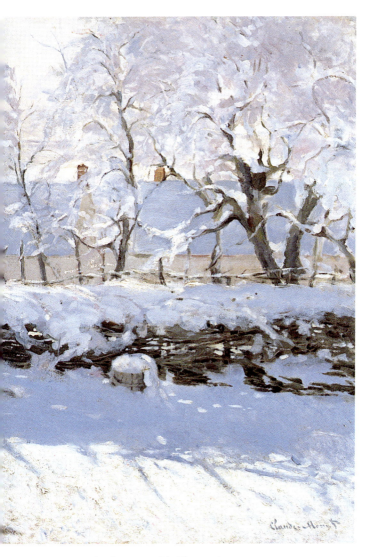

Claude Monet. Die Elster, 1869

Gestern haben wir Schnee bekommen, und heute in der Morgenfrühe ging ich hinaus zur sorgsamen und ruhigen Besichtigung der Schneelandschaft. Niedlich, wie ein artiges Kätzchen, das sich geputzt hat, liegt jetzt das reiche, liebliche Land da. Jedes Kind, sollte ich meinen, kann die Schönheit einer Schneelandschaft im Herzen verstehen, das feine saubere Weiß ist so leicht verständlich, ist so kindlich. Etwas Engelhaftes liegt jetzt über der Erde, und eine süße, reizvolle Unschuld liegt weißlich und grünlich ausgebreitet da. Ich freute mich über meine Aufgabe, über das Amt, über die angenehme Pflicht, die mir vorschrieb, sorgfältig und aufmerksam Notiz vom Schnee und seinen Reizen zu nehmen. Wunderbare Feinheit und Schönheit lag darin, daß das Gras so artig und mit so zarten Spitzen aus der Schneefläche herausschaute. Ich ging wieder zu meinem alten unverwüstlichen, gütigen Zauberer, zum Wald, und zum Wald wie im Traum wieder hinaus, und da lag es da, das Kinderland in seiner Kinderfarbe. Die Bäumchen und Bäume schienen einen graziösen Tanz auf dem weißen Felde aufzuführen, und die Häuser hatten weiße Mützen, Kappen, Kopfbedeckungen oder Dächer. Es sah so appetitlich, so lockig, so lustig und so lieb aus, ganz wie das zarte, süße Kunstwerk eines geschickten Zuckerbäckers. Noch ein Morgenlicht leuchtete in einem Fenster, und ein anmutig Haus stand in einiger Entfernung, das hatte Fenster wie Augen, welche fröhlich und listig blinzelten. Das Haus war wie ein Gesicht, und die fünf grünen Fenster waren wie seine Augen. Geh doch hin, lieber Leser, noch steht das zauberische Landbild da, mit Schnee auf seinem lieblichen Antlitz. Man darf nur nie zu träge sein und sich vor ein paar hundert Schritten nicht fürchten, zeitig aus dem Faulenzerbett aufstehen, sich auf die Glieder stellen und nur ein wenig hinauswandern, so sieht sich das Auge satt, und das freiheitsbedürftige Herz kann aufatmen. Geh hin zu der artigen Schneelandschaft, welche dich wie mit einem schönen freundschaftlichen Munde anlächelt. Lächle auch du sie an und grüße sie von mir.

Robert Walser

Hermann Hesse. Bei Arosa, 1928

Statt der Sonne jedoch gab es Schnee, Schnee in Massen, so kolossal viel Schnee, wie Hans Castorp in seinem Leben noch nicht gesehen. Der vorige Winter hatte es in dieser Richtung wahrhaftig nicht fehlen lassen, doch waren seine Leistungen schwächlich gewesen im Vergleich mit denen des diesjährigen. Sie waren monströs und maßlos, erfüllten das Gemüt mit dem Bewußtsein der Abenteuerlichkeit und Exzentrizität dieser Sphäre. Es schneite Tag für Tag und die Nächte hindurch, dünn oder in dichtem Gestöber, aber es schneite. Die wenigen gangbar gehaltenen Wege erschienen hohlwegartig, mit übermannshohen Schneewänden zu beiden Seiten, alabasternen Tafelflächen, die in ihrem körnig kristallischen Geflimmer angenehm zu sehen waren und den Berggästen zum Schreiben und Zeichnen dienten, zur Übermittlung von allerlei Nachrichten, Scherzworten und Anzüglichkeiten. Aber auch zwischen den Wänden noch trat man stark auf gehöhten Grund, so tief auch geschaufelt war, das merkte man an lockeren Stellen und Löchern, wo plötzlich der Fuß einsank, tief hinab, wohl bis zum Knie: man hatte gut achtzugeben, daß man nicht unversehens das Bein brach. Die Ruhebänke waren verschwunden, versunken; ein Stück Lehne etwa ragte noch aus ihrem weißen Begräbnis hervor. Drunten im Ort war das Straßenniveau so seltsam verlegt, daß die Läden im Erdgeschoß der Häuser zu Kellern geworden waren, in die man auf Schneestufen von der Höhe des Bürgersteiges hinabstieg.

Und auf die liegenden Massen schneite es weiter, tagaus, tagein, still niedersinkend bei mäßigem Frost, zehn, fünfzehn Kältegraden, die nicht eben ans Mark gingen, – man spürte sie wenig, es hätten auch fünf oder zwei sein können, Windstille und Lufttrockenheit nahmen ihnen den Stachel. Es war sehr dunkel am Morgen; man frühstückte beim künstlichen Schein der Lüstermonde im Saal mit den lustig schablonierten Gewölbegurten. Draußen war das trübe Nichts, die Welt in grauweiße Watte, die gegen die Scheiben drängte, in Schneequalm und Nebeldunst dicht verpackt. Unsichtbar das Gebirge; vom nächsten Nadelholz allenfalls mit der Zeit ein wenig zu sehen: beladen stand es, verlor sich rasch im Gebräu, und dann und wann entlud eine Fichte sich ihrer Überlast, schüttelte stäubendes Weiß ins Grau. Um zehn Uhr kam die Sonne als schwach erleuchteter Rauch über ihren Berg, ein matt gespenstisches Leben, einen fahlen Schein von Sinnlichkeit in die nichtig-unkenntliche Landschaft zu bringen. Doch blieb alles gelöst in geisterhafter Zartheit und Blässe, bar jeder Linie, die das Auge mit Sicherheit hätte nachziehen können. Gipfelkonturen verschwammen, vernebelten, verrauchten. Bleich beschienene Schneeflächen, die hinter- und übereinander aufstiegen, leiteten den Blick ins Wesenlose. Dann schwebte wohl eine erleuchtete Wolke, rauchartig, lange, ohne ihre Form zu verändern, vor einer Felswand.

Um Mittag zeigte die Sonne, halb durchbrechend, das Bestreben, den Nebel in Bläue zu lösen. Ihr Versuch blieb fern vom Gelingen; doch eine Ahnung von Himmelsblau war augenblicksweise zu erfassen, und das wenige Licht reichte hin, die durch das Schneeabenteuer wunderlich entstellte Gegend weithin diamanten aufglitzern zu lassen. Gewöhnlich hörte es auf zu schneien um diese Stunde, gleichsam um einen Überblick über das Erreichte zu gewähren, ja, diesem Zweck schienen auch die wenigen eingestreuten Sonnentage zu dienen, an denen das Gestöber ruhte und der unvermittelte Himmelsbrand die köstlich reine Oberfläche der Massen von Neuschnee anzuschmelzen suchte. Das Bild der Welt war märchenhaft, kindlich und komisch. Die dicken, lockeren, wie aufgeschütteltem Kissen auf den Zweigen der Bäume, die Buckel des Bodens, unter denen sich kriechendes Holz oder Felsvorsprünge verbargen, das Hockende, Versunkene, possierlich Vermummte der Landschaft, das ergab eine Gnomenwelt, lächerlich anzusehn und wie aus dem Märchenbuch. Mutete aber die nahe Szene, in der man sich mühselig bewegte, phantastisch-schalkhaft an, so waren es Empfindungen der Erhabenheit und des Heiligen, die der hereinschauende fernere Hintergrund, die getürmten Standbilder der verschneiten Alpen erweckten.

Nachmittags zwischen zwei und vier Uhr lag Hans Castorp in

der Balkonloge und blickte wohlverpackt, den Kopf gestützt von der weder zu steil noch zu flach eingestellten Lehne seines vorzüglichen Liegestuhls, über die bepolsterte Brüstung hin auf Wald und Gebirge. Der grünschwarze, mit Schnee beschwerte Tannenforst stieg die Lehnen hinan, und zwischen den Bäumen war aller Boden kissenweich von Schnee. Darüber erhob sich das Felsgebirg ins Grauweiß, mit ungeheueren Schneeflächen, die von einzelnen, dunkler hervorragenden Felsnasen unterbrochen waren, und zart verdunstenden Kammlinien. Es schneite still. Alles verschwamm mehr und mehr. Der Blick, in ein wattiges Nichts gehend, brach sich leicht zum Schlummer. Ein Frösteln begleitete den Augenblick des Hinüberganges, doch gab es dann kein reineres Schlafen als dieses hier in der Eiseskälte, dessen Traumlosigkeit von keinem unbewußten Gefühl organischer Lebenslast berührt wurde, da das Atmen der leeren, nichtig-dunstlosen Luft dem Organismus nicht schwerer fiel als das Nichtatmen der Toten. Beim Erwachen war das Gebirge völlig im Schneenebel verschwunden, und nur Stücke davon, eine Gipfelkuppe, eine Felsnase, traten wechselnd für einige Minuten hervor, um wieder verhüllt zu werden. Dies leise Geisterspiel war äußerst unterhaltend. Man mußte scharf achtgeben, um die Schleier-Phantasmagorie in ihren heimlichen Wandlungen zu belauschen. Wild und groß zeigte sich, frei im Dunste, eine Felsgebirgspartie, von der weder Gipfel noch Fuß zu sehen war. Aber da man sie nur eine Minute aus den Augen gelassen, war sie entschwunden.

Dann gab es Schneestürme, die den Aufenthalt in der Balkonlaube überhaupt verhinderten, da das stöbernde Weiß massenweise hereintrieb und alles, Boden und Möbel, dickauf bedeckte. Ja, es konnte auch stürmen in dem gefriedeten Hochtal. Die nichtige Atmosphäre geriet in Aufruhr, sie war so ausgefüllt von Flockengewimmel, daß man nicht einen Schritt weit sah. Böen von erstickender Stärke versetzten das Gestöber in wilde, treibende, seitliche Bewegung, sie wirbelten es von unten nach oben, von der Talsohle in die Lüfte empor, quirlten es in tollem Tanz durcheinander, – das war kein Schneefall mehr, es war ein Chaos

Ernst Ludwig Kirchner. Davos im Schnee, 1923

von weißer Finsternis, ein Unwesen, die phänomenale Aus-
schreitung einer über das Gemäßigte hinausgehenden Region,
worin nur der Schneefink, der plötzlich in Scharen zum Vor-
schein kam, sich heimatlich auskennen mochte.

Jedoch liebte Hans Castorp das Leben im Schnee. Er fand es
demjenigen am Meeresstrande in mehrfacher Hinsicht ver-
wandt: die Urmonotonie des Naturbildes war beiden Sphären
gemeinsam; der Schnee, dieser tiefe, lockere, makellose Pulver-
schnee, spielte hier ganz die Rolle wie drunten der gelbweiße
Sand; gleich reinlich war die Berührung mit beiden, man schüt-
telte das frosttrockene Weiß von Schuhen und Kleidern wie
drunten das staubfreie Stein- und Muschelpulver des Meeres-
grundes, ohne daß eine Spur hinterblieb, und auf ganz ähnliche
Weise mühselig war das Marschieren im Schnee wie eine Dünen-
wanderung, es sei denn, daß die Flächen vom Sonnenbrand
oberflächlich angeschmolzen, nachts aber hart gefroren waren:
dann ging es sich leichter und angenehmer darauf als auf Parkett,
– genau so leicht und angenehm wie auf dem glatten, festen, ge-
spülten und federnden Sandboden am Saume des Meeres.

Nur waren das Schneefälle und lagernde Massen dies Jahr, die
für jedermann, ausgenommen den Skiläufer, die Möglichkeit der
Bewegung im Freien kärglich verengten. Die Schneepflüge arbei-
teten; aber sie hatten Mühe, die allergebräuchlichsten Pfade und
die Hauptstraße des Kurortes notdürftig frei zu halten, und die
wenigen Wege, die offenstanden und rasch ins Unzugängliche
mündeten, waren dicht begangen, von Gesunden und Kranken,
von Einheimischen und internationaler Hotelgesellschaft; den
Fußgängern aber stolperten die Rodelfahrer an die Beine, Herren
und Damen, welche, zurückgelehnt, die Füße voran, unter War-
nungsrufen, deren Ton davon zeugte, wie sehr durchdrungen sie
von der Wichtigkeit ihres Unternehmens waren, auf ihren Kin-
derschlittchen schlingernd und kippend die Abhänge hinunter-
fegten, um, unten angekommen, ihr Modespielzeug am Seile
wieder bergan zu ziehen.

Thomas Mann

Der Schnee beginnt zu treiben
Wer wird denn da bleiben?
Da bleiben, wie immer so auch heut
Der steinige Boden und die armen Leut.

Bertolt Brecht

Erste Schneeflocke

Tief, tiefer noch hinein ins graue Schweigen,
wo dünner Nebel webt von Stamm zu Stamm,
und Einsamkeit sich birgt in schwarzen Zweigen, –
am Wege modert schwarzes Laub im Schlamm.
Der Himmel, den die Fichtenwipfel tragen,
sinkt schwer und schwerer auf das arme Land.
Nicht Stadt, nicht Dorf. Ein Hund bellt fern, wie fern!
Und nirgends Trost. Da schwebt – aus welcher Hand? –
lautlos auf meinen dunklen Mantelkragen
aus Traum und Licht ein weißer Wunderstern.

Maria Müller-Gögler

Bruno Epple. Einsame Möwe, 1987

Duft des Schnees

Das Fenster stand trotz winters offen, und ich roch, sobald ich in das Zimmer trat, den Schnee.

Ich roch und erinnerte mich: das kannte ich, das würzig Kühle, das sanfte Duftgewölk von Milliarden winzigen Schneesternen; diesen Flockenduft, der hereinwirbelt, diesen Schneesternschauer.

Ich erinnerte mich, schaute zurück in das seligweiße Land der Kinderzeit. Von Schneewällen umgeben, stapften und plumpsten wir dahin, schlitterten hangab, kugelten aufeinander, platschten mit der Nase voran in den Schnee, durchstampften die Wehen, kämpften und spielten uns müde. Und abends waren wir naß von Schneeglut: hatten brandrote Backen, frostigheiße Hände, und wir fielen vor Glück halbtot ins Haus.

Wir hatten uns vollgerochen. Der Nase vertraut war die Tiefe eines Schneehaufens; die Lunge gebläht von der Frische. Die Augen geschlossen, schneite es weiter: Flocken, sanft und schwer, dämmerten herab, kamen im Wirbelbraus aus unendlichen Höhen. Und während wir in weißen Betten lagen, wuchs draußen der Schnee.

Bruno Epple

Gang im Schnee

Nun rieseln weiße Flocken unsre Schritte ein.
Der Weidenstrich läßt fröstelnd letzte Farben sinken,
Das Dunkel steigt vom Fluß, um den versprengte Lichter
    blinken,
Mit Schnee und bleicher Stille weht die Nacht herein.

Nun ist in samtnen Teppichen das Land verhüllt,
Und unsre Worte tasten auf und schwanken nieder
Wie junge Vögel mit verängstetem Gefieder –
Die Ebene ist grenzenlos mit Dämmerung gefüllt.

Um graue Wolkenbündel blüht ein schwacher Schein,
Er leuchtet unserm Pfad in nachtverhängte Weite,
Dein Schritt ist wie ein fremder Traum an meiner Seite –
Nun rieseln weiße Flocken unsre Sehnsucht ein.

Ernst Stadler

Fritz Bleyl. Spuren im Schnee, um 1905

Weg in die Dämmerung

Trüb verglimmt der Schein,
da der Abend naht.
Und ich geh allein
den verschneiten Pfad,

der, vom Hang gelenkt,
mit gelindem Schwung
hin und her sich senkt
in die Niederung.

Birken, starr von Eis,
Pfahlwerk, unbehaun,
Dorn und Erlenreis,
ein verwehter Zaun

geben seiner Spur
anfangs das Geleit,
dann gehört er nur
der Unendlichkeit,

die verdämmernd webt
und ihn unbestimmt,
wie er weiterstrebt,
in ihr Dunkel nimmt.

Reif erknirscht und Schnee
unter meinem Schuh.
Weg, auf dem ich steh,
dir gehör ich zu.

Wer des Lichts begehrt,
muß ins Dunkel gehn.
Was das Grauen mehrt,
läßt das Heil erstehn.

Wo kein Sinn mehr mißt,
waltet erst der Sinn.
Wo kein Weg mehr ist,
ist des Wegs Beginn.

Manfred Hausmann

Leise, endlos fiel der Schnee auf das erfrorene Land. »Mit dem Schnee fällt immer Stille«, dachte Boura, der sich in einer Hütte untergestellt hatte, und ihm war zugleich feierlich und traurig zumute, denn er fühlte sich einsam in der weiten Landschaft. Der Landstrich vor seinen Augen vereinfachte, verschmolz und vergrößerte sich, gefügt von weißen Wellen, unzerpflügt von Wirrungen des Lebens. Endlich lichtete sich und versiegte der Tanz der Flocken, die einzige Regung in dieser glorreichen Stille. Zögernd gräbt der Wanderer seinen Fuß in den unberührten Schnee, und es rührt ihn eigentümlich an, daß er als erster die Gegend mit der langen Zeile seiner Schritte zeichnet. Doch kommt ihm auf der Straße ein Schwarzer und Verschneiter entgegen; zwei Spurenketten laufen nebeneinander her, kreuzen sich und tragen die erste menschliche Wirrnis auf die unbefleckte Tafel.

Karel Čapek

Giovanni Segantini. Die Schlittenfahrt, 1890

Schnee

Oh, dieser Laut! Durch Schnee hin –
harsch, harsch, harsch –
geht wer in Stiefeln aus Filz.

Dickes gedrehtes Eis,
vom First hing es spitzig herab.
Schnee, der harscht und der blinkt.
(Oh, dieser Laut!)

Mein Schlitten: mir auf den Fersen, er
gleitet allein, zieht sich selbst.

Setz' mich und fahre
übern Hang, übers glatte Feld:
Beine gespreizt,
die Leine nur, die mich hält.

Wenn in Schlaf ich fall,
denke ich jedesmal:
Vielleicht weckt sie mich heute nacht
mit ihrem Besuch,
warm eingekleidet und starr, bewegungslos,
Kindheit, die war.

Vladimir Nabokov

Der Wagen der Drahtseilbahn ruckte noch einmal und hielt dann. Es ging nicht weiter. Dichter Schnee trieb über die Gleise. Der Sturm, der über die ungeschützte Oberfläche des Berges dahinjagte, hatte die Schneeoberfläche zu einer krustigen Schanze zusammengefegt. Nick wachste seine Skier im Gepäckwagen, stieß die Stiefelspitzen in die Bindung und zog die Spanner fest. Er sprang seitwärts aus dem Zug auf die harte Schanze, sprang um und fuhr in der Hocke, die Stöcke hinter sich herschleifend, in Schußfahrt den Abhang hinunter.

Auf dem Weißen tiefer unten tauchte George hinab, kam hoch und tauchte außer Sicht. Das Runtersausen und das plötzliche Niederschießen, als er einen welligen Steilhang der Bergwand Schuß fuhr, schalteten Nicks Denken aus und ließen nur das herrliche Gefühl von Fliegen und Fallen in seinem Körper. Er tauchte auf einer kleinen Anhöhe wieder auf, und dann schien der Schnee unter ihm wegzufallen, als er abfuhr, hinab, hinab, schneller, schneller in einem Schwung den letzten, langen, steilen Abhang hinab. In der Hocke, so daß er beinahe auf seinen Skiern saß, um seinen Schwerpunkt möglichst tiefzulegen, fühlte er, als der Schnee wie ein Sandsturm ihn umbrauste, daß er zu starkes Tempo fuhr. Aber er hielt es. Er wollte nicht locker lassen und umschmeißen. Dann schmiß ihn eine Stelle weichen Schnees, vom Wind in einer Vertiefung gelassen, um; er überschlug sich skiklappernd wieder und wieder; fühlte sich wie ein angeschossenes Kaninchen; dann war er festgekeilt, mit gekreuzten Beinen, seine Skier kerzengrade in der Luft und Nase und Ohren voller Schnee.

George stand etwas weiter unten am Abhang und klopfte mit großen Klapsen den Schnee von seiner Windjacke.

»Deins war 'ne fabelhafte Abfahrt, Mike«, rief er Nick zu. »Das da ist lausig weicher Schnee. Hat mich genau so hingehauen.«

»Wie ist es denn jenseits der Mulde?« Nick stieß auf dem Rücken liegend seine Skier herum und stand auf.

»Man muß sich links halten. Es ist eine schöne, steile Abfahrt, und unten ein Christi wegen einem Zaun.«

»Wart 'n Moment, wir wollen zusammen abfahren.«

»Nein, mach los. Fahr du zuerst. Ich möchte sehen, wie du die Mulden nimmst.«

Nick Adams fuhr an George vorbei, breiter Rücken, blonder Kopf, noch ein bißchen voll Schnee; dann kamen seine Skier am Rand ins Gleiten, und er schoß hinunter, zischend in dem kristallischen Pulverschnee, und er schien hinaufzuschweben und hinabzusinken, als er die wogenden Mulden rauf und runter fuhr. Er hielt sich links, und zum Schluß, als er mit fest zusammengepreßten Knien auf den Zaun zusauste und seinen Körper eindrehte, als ob er eine Schraube anzog, brachte er seine Skier in dem aufstäubenden Schnee scharf nach rechts herum und verlangsamte die Geschwindigkeit parallel zu Berghang und Drahtzaun.

Er sah den Berg hinauf. George kam kniend in Telemarkstellung herunter, ein Bein vor und gebeugt, das andere nach sich ziehend; seine Stöcke hingen wie die dünnen Beine irgendeines Insekts und wirbelten beim Berühren der Oberfläche Schneewölkchen auf, und schließlich kam die ganze kniende, schleifende Gestalt in einem wunderbaren Rechtsbogen tief in der Hocke herum, ging in Ausfallstellung, der Körper lehnte sich nach außen über, die Stöcke betonten den Bogen wie Interpunktionszeichen aus Licht, alles in einer wilden Wolke von Schnee.

Ernest Hemingway

Ski-Rast

Am hohen Hang zur Fahrt bereit,
Halt ich am Stab für Augenblicke Rast
Und seh geblendet weit und breit
Die Welt in blau und weißem Glast,
Seh oben schweigend Grat an Grat
Die Berge einsam und erfroren;
Hinabwärts ganz in Glanz verloren
Durch Tal um Tal stürzt der geahnte Pfad.
Betroffen halt ich eine Weile,
Von Einsamkeit und Stille übermannt,
Und gleite abwärts an der schrägen Wand
Den Tälern zu in atemloser Eile.

Hermann Hesse

Hermann Hesse. Chantarella, 1932

Davos

Ein köstlicher Tag, alles voll Sonne, klar und gewiß, und wir stehen kaum hundert Schritte unter dem weißen Gipfelkreuz, das die schwarzen Dohlen umkreisen – plötzlich ein Krach in der blauen Luft oder unter dem glitzernden Schnee, ein kurzer und trockener Ton, fast zart, fast wie der Sprung in einer Vase; einen Augenblick weiß man nicht, ob es aus der Ferne oder aus der nächsten Nähe gekommen ist. Als wir uns umblicken, bemerken wir, wie sich der ganze Hang, er ist steil, bereits in ein wogendes Gleiten verwandelt hat. Alles geht sehr rasch, und zugleich ist es so, als wären Jahrzehnte vergangen seit den Ferien, die wir eben begonnen haben und die keine Erinnerung mehr erreicht; der Gipfel, dessen weißes Kreuz in den wolkenlosen Himmel ragt, scheint ferner als noch vor einem Atemzug. Ringsum ein Bersten, lautlos zuerst, und der Schnee geht uns bereits an die Knie. Allenthalben überschlagen sich die Schollen, und endlich begreife ich, daß auch wir in die Tiefe gleiten, unaufhaltsam und immer rascher, mitten in einem grollenden Rollen. Dabei ist man vollkommen wach. Zum Glück hatten wir unsere Bretter auf den Schultern; ich rufe Constanze, die ich für Augenblicke wiedersehe, rufe ihr, was sie machen soll. Hinter uns kommt immer mehr. Schnee, Wind, Gefühl des Erstickens. Das eigene Entsetzen ist groß und gelassen zugleich, irgendwie vertraut, als wäre es nicht die erste Lawine.

Max Frisch

Es war ein langer, strenger Winter, und unser schöner Schwarzwaldfluß lag wochenlang hart gefroren. Ich kann das merkwürdige, gruselig-entzückte Gefühl nicht vergessen, mit dem ich am ersten bitterkalten Morgen den Fluß betrat, denn er war tief und das Eis war so klar, daß man wie durch eine dünne Glasscheibe unter sich das grüne Wasser, den Sandboden mit Steinen, die phantastisch verschlungenen Wasserpflanzen und zuweilen den dunklen Rücken eines Fisches sah.

Halbe Tage trieb ich mich mit meinen Kameraden auf dem Eise herum, mit heißen Wangen und blauen Händen, das Herz von der starken rhythmischen Bewegung des Schlittschuhlaufs energisch geschwellt, voll von der wunderbaren gedankenlosen Genußkraft der Knabenzeit. Wir übten Wettlauf, Weitsprung, Hochsprung, Fliehen und Haschen, und diejenigen von uns, die noch die altmodischen beinernen Schlittschuhe mit Bindfaden an den Stiefeln befestigt trugen, waren nicht die schlechtesten Läufer. Aber einer, ein Fabrikantensohn, besaß ein Paar »Halifax«, die waren ohne Schnur oder Riemen befestigt und man konnte sie in zwei Augenblicken anziehen und ablegen. Das Wort Halifax stand von da an jahrelang auf meinem Weihnachtswunschzettel, jedoch erfolglos; und als ich zwölf Jahre später einmal ein Paar recht feine und gute Schlittschuhe kaufen wollte und im Laden Halifax verlangte, da ging mir zu meinem Schmerz ein Ideal und ein Stück Kinderglauben verloren, als man mir lächelnd versicherte, Halifax sei ein veraltetes System und längst nicht mehr das Beste.

Am liebsten lief ich allein, oft bis zum Einbruch der Nacht. Ich sauste dahin, lernte im raschesten Schnellauf an jedem beliebigen Punkte halten oder wenden, schwebte mit Fliegergenuß balancierend in schönen Bogen. Viele von meinen Kameraden benutzten die Zeit auf dem Eise, um den Mädchen nachzulaufen und zu hofieren. Für mich waren die Mädchen nicht vorhanden. Während andere ihnen Ritterdienste leisteten, sie sehnsüchtig und schüchtern umkreisen oder sie kühn und flott in Paaren führten, genoß ich allein die freie Lust des Gleitens. Für die »Mädelesführer« hatte ich nur Mitleid und Spott. Denn aus den Konfessionen mancher Freunde glaubte ich zu wissen, wie zweifelhaft ihre galanten Genüsse im Grunde waren.

Da, schon gegen Ende des Winters, kam mir eines Tages die Schülerneuigkeit zu Ohren, der Nordkaffer habe neulich abermals die Emma Meier beim Schlittschuhausziehen geküßt. Die Nachricht trieb mir plötzlich das Blut zu Kopfe. Geküßt! Das war freilich schon was anderes als die faden Gespräche und scheuen Händedrücke, die sonst als höchste Wonnen des Mädleführens gepriesen wurden. Geküßt! Das war ein Ton aus einer fremden, verschlossenen, scheu geahnten Welt, das hatte den lekkeren Duft der verbotenen Früchte, das hatte etwas Heimliches, Poetisches, Unnennbares, das gehörte in jenes dunkelsüße, schaurig lockende Gebiet, das von uns allen verschwiegen, aber ahnungsvoll gekannt und streifweise durch sagenhafte Liebesabenteuer ehemaliger, von der Schule verwiesener Mädchenhelden beleuchtet war.

Hermann Hesse

Ernst Ludwig Kirchner. Eisläuferin, 1929/30

Eislauf

Auf spiegelndem Teiche
zieh' ich spiegelnde Gleise.
Der Kauz ruft leise.
Der Mond, der bleiche,
liegt über dem Teiche.

Im raschelnden Schilfe,
da weben die Mären,
da lachet der Sylphe
in silbernen Zähren,
tief innen im Schilfe.

Hei, fröhliches Kreisen,
dem Winde befohlen!
Glückseliges Reisen,
die Welt an den Sohlen,
in eigenen Kreisen!

Vergessen, vergeben,
im Mondlicht baden;
hingaukeln und schweben
auf nächtigen Pfaden!
Sich selber nur leben!

Gerhart Hauptmann

Schnee

Nun setzt der Schnee sich leicht wie Silberbienen
Sehr stumm auf jedes weggewelkte Blatt.
Da ist auf einmal auch der Mond erschienen,
Er überflügelt die gestirnte Stadt.

Den ersten Schnee erblicken Kinderaugen,
Dann schlafen bald die Kleinen strahlend ein.
Die Jüngsten träumen schon beim lieben Saugen,
Und was sie anweht, lächelt sanft und rein.

Von zarten Mullbehängen hoher Betten
Entflockt und lockert sich nun oft ein Stern,
Dann andre Sterne, die sich hold verketten,
Von solchen Dingen träumt das Kindlein gern.

Ein altes Weib voll Harm und weißen Haaren
Sitzt noch beim Rocken sorgenvoll und spinnt.
Es spinnt sich blind, kann nichts gewahren:
Der Mond ist fort. Obs nun zu schnein beginnt?

Vor grellen Fenstern und Laternen schwirrt es,
Die Silbermücken finden keine Rast.
Nun tönt Geklirr, die Stimme eines Wirtes.
Der erste Schlitten bringt den letzten Gast.

Das wirbelt, schwirbelt finster immer weiter,
Und kühler Schlaf besänftigt das Gemüt.
Auf einmal blicken trübe Träumer heiter,
Ein Schwerentschlummern hat sich ausgemüht.

Der Mond wird nimmer durch die Schleier blicken.
Die Silberblüten sinken viel zu dicht.
Ein Fieberschwacher weiß nicht einzunicken:
Es schneit auf seinen Leib und sein Gesicht.

Der Schnee, der Schnee, es fallen kalte Spinnen
Auf eines Alten Bart und Lockenhaar,
Nun schneien selbst des Krankenbettes Linnen,
Den Fiebernden bedeckt sein Eistalar.

Die tiefste Milde legt sich in die Falten
Des Antlitzes: nun ist der Greis erstarrt;
Auch Träume Traumermüdeter erkalten.
Nun friert es gar. Der Schnee wird langsam hart.

Theodor Däubler

Alfred Sisley. Winter in Louveciennes, 1878

Winter

Aus Schneegestäub' und Nebelqualm
Bricht endlich doch ein klarer Tag;
Da fliegen alle Fenster auf,
Ein Jeder späht, was er vermag.

Ob jene Blöcke Häuser sind?
Ein Weiher jener ebne Raum?
Fürwahr, in dieser Uniform
Den Glockenturm erkennt man kaum;

Und alles Leben liegt zerdrückt,
Wie unterm Leichentuch erstickt.
Doch schau! an Horizontes Rand
Begegnet mir lebend'ges Land.

Du starrer Wächter, laß ihn los
Den Föhn aus deiner Kerker Schoß!
Wo schwärzlich jene Riffe spalten,
Da muß er Quarantäne halten,
Der Fremdling aus der Lombardei;
O Säntis, gib den Tauwind frei!

Annette von Droste-Hülshoff

Schnee

Wenn der Schnee auf Wald und Garten fällt,
Ist es nur ein leichtes Ruhedach,
Unter dem ermüdet diese Welt
Eine Weile schläft. Bald wird sie wach.

Wenn der Tod mir Blut und Glieder stillt,
Sprecht mit Lächeln euer Trauerwort!
Still in Trümmer sinkt ein flüchtig Bild;
Was ich bin und war, lebt fort und fort.

Hermann Hesse

Winternacht

Berge, Hügel, Täler, Wiesen
Deckt des Winters Hülle zu,
Und die Menschen sind mit diesen
Eingeschneit zu stiller Ruh.

Alle nun erquickt der Schlummer,
Die am Tage sich gequält,
Die nicht mehr ein tiefer Kummer
Oder Sehnsucht wach erhält.

Jedes Bild des Leids und Schmerzens
Hüllt die Nacht in Dunkel ein,
Und in meiner Welt des Herzens
Gönnt das Glück mir, froh zu sein.

Franz Michael Felder

WINTER, große Etüde
über den Hang her, verschwiegen steht
die Kadenz in der Luft
fürs Ohr dieser Wälder

aber drunten das Ufer gläsern
hat ausgeträumt, weiß schlägt
unter der Krähe, die fortstürzt,
der Tag sein Zelt auf
bis an die Augen –

Schneeharfe
hat deinen schwarzen Schlaf
überspielt.

Werner Dürrson

Ein Fichtenbaum steht einsam
Im Norden auf kahler Höh.
Ihn schläfert; mit weißer Decke
Umhüllen ihn Eis und Schnee.

Er träumt von einer Palme,
Die, fern im Morgenland,
Einsam und schweigend trauert
Auf brennender Felsenwand.

Heinrich Heine

Winternacht

Flockendichte Winternacht...
Heimkehr von der Schenke...
Stilles Einsamwandern macht,
daß ich deiner denke.

Schau dich fern im dunklen Raum
ruhn in bleichen Linnen...
Leb ich wohl in deinem Traum
ganz geheim tiefinnen?...

Stilles Einsamwandern macht,
daß ich nach dir leide...
Eine weiße Flockennacht
flüstert um uns beide...

Christian Morgenstern

Winternacht

Nicht ein Flügelschlag ging durch die Welt,
Still und blendend lag der weiße Schnee,
Nicht ein Wölklein hing am Sternenzelt,
Keine Welle schlug im starren See.

Aus der Tiefe stieg der Seebaum auf,
Bis sein Wipfel in dem Eis gefror;
An den Ästen klomm die Nix' herauf,
Schaute durch das grüne Eis empor.

Auf dem dünnen Glase stand ich da,
Das die schwarze Tiefe von mir schied;
Dicht ich unter meinen Füßen sah
Ihre weiße Schönheit Glied für Glied.

Mit ersticktem Jammer tastet' sie
An der harten Decke her und hin.
Ich vergess' das dunkle Antlitz nie,
Immer, immer liegt es mir im Sinn!

Gottfried Keller

Februar

Vom Wind durch die leeren Straßen getrieben,
an Wirtshaus und Läden vorbei, –
der Schnee hat mir die Wangen gerieben
und riß mir die Haut entzwei.

Auf den blank überwehten Steinen
verwirrte Zeichen, von Asche gestreut.
Mir klingt das Ohr, doch wer kann mich meinen
oder erreicht mich ein Schlittengeläut?

Das pochende Herz oder pochende Hufe, –
da schleifen die Kufen im Wagengleis,
nur als ein Schatten an Gitter und Stufe
inmitten der wehenden Schleier von Eis.

Warst du es, Schatten, der meiner gedachte
und im Läuten der Schellen war?
Ach, der mich flüsternd anrief und lachte,
warf er mir Asche auf Brauen und Haar?

Günter Eich

SCHNEEPART, gebäumt, bis zuletzt,
im Aufwind, vor
den für immer entfensterten
Hütten:

Flachträume schirken
übers
geriffelte Eis;

die Wortschatten
heraushaun, sie klaftern
rings um den Krampen
im Kolk.

Paul Celan

Otto Dix. Winter in Hemmenhofen, 1957

Erstarrung

Ich such im Schnee vergebens
Nach ihrer Tritte Spur,
Hier, wo wir oft gewandelt
Selbander durch die Flur.

Ich will den Boden küssen,
Durchdringen Eis und Schnee
Mit meinen heißen Tränen,
Bis ich die Erde seh.

Wo find ich eine Blüte,
Wo find ich grünes Gras?
Die Blumen sind erstorben,
Der Rasen sieht so blaß.

Soll denn kein Angedenken
Ich nehmen mit von hier?
Wenn meine Schmerzen schweigen,
Wer sagt mir dann von ihr?

Mein Herz ist wie erfroren,
Kalt starrt ihr Bild darin:
Schmilzt je das Herz mir wieder,
Fließt auch das Bild dahin.

Wilhelm Müller

Schnee

Wie sehr liebe ich bläulichen Schnee,
jungfräulich von der Brücke strahlend,
das traurige Gefühl kalter Nässe
und der Liebe so ertragend.
Du Liebste! Mir füllt sich die Seele mit Schnee,
die Tage eilen dahin, und ich werde alt!
In meiner Heimat wandelte ich nur
durch öden blau verblichenen Samt.
Ach, also ist mein Leben:
Der Januar wird nie als Freund mich sehn,
doch immer werd' ich mich erinnern
an Deine Hände so blaß wie Schnee.
Du Liebste! Ich sehe… sehe stets Deine Hände
kraftlos herabgesunken im Lorbeerblütenschnee.
Aufleuchten wird Dein Schleier, erlöschen
und wieder leuchten in dieser Öde…
Darum liebe ich es, bläulichen Schnee
von unseres Flusses Brücke strahlen zu sehn,
wogend schweifende Gefühle der Trauer
und Schwertlilien reihweis sich legend.
Es schneit! Die frohe Botschaft eines solchen Tages
überschneite mich mit einem blauen matten Traum.
Irgendwie bin ich dem Winter wohl entronnen!
Irgendwie ließ mich der Sturm wohl stehn!
Es gibt einen Weg, es gibt ein sanftes Spiel…
und doch gehst Du allein, völlig allein, dahin!
Ich liebe den Schnee, so wie ich einst
geheimes Weh in Deiner Stimme liebte!
Ich liebte damals, mich berauschte damals
der stillen Tage weiß kristallen Funkeln,
der Wiese Blätter in Deinem aufgelösten Haar,
der Haare wildes im Winde wehn.
Da dürstete ich nach Dir wie einer,

der, ohne Obdach, dürstet nach einem Heim...
Mir aber folgt die Schar der weißen Wälder,
und wieder bin ich mit mir allein.
Es schneit! Solch eines Tages Frohbotschaft
überschneite mich mit blauen matten Flocken.
Irgendwie bin ich dem Winter wohl entronnen!
Irgendwie ließ mich der Sturm wohl stehn!

Galaktion Tabidse

Jakob Bräckle. Winterlandschaft, 1959

Februarabend

Bläulich dämmert am Hügel hinab zum See
Matten Schimmers im Schmelzen der weiche Schnee,
In den Nebeln gestaltlos wie bleiche Träume
Schwimmen vielästige Kronen erstorbener Bäume.

Aber durchs Dorf, durch alle schlummernden Gassen
Wandelt der Nachtwind, schlendert lau und gelassen,
Rastet am Zaun und läßt in den dunklen Gärten
Und in den Träumen der Jugend Frühling werden.

Hermann Hesse

Immer öfter verlassen wir die Wege, weil's der Beamte Fink gern steil hat. Stapfen Schneefelder hinauf, sinken ein bei jedem Schritt, aber nicht so tief wie im Pulverschnee. Der schwere Frühjahrsschnee sammelt sich unter jedem Tritt zur Stufe.

Der Beamte Fink bestimmt, wann wir umkehren. In großen Sprüngen geht's dann abwärts. Der schwere Schnee ist der richtige Landungsdämpfer für jeden Sprung. Man hat das Gefühl, man könne nichts falsch machen. Das ist wie Glück. Schnaufend bleiben wir, sobald das Schneefeld aufhört, stehen und schauen dem Schmelzwasser nach, das unter dem Schnee herausläuft und in winzigen Rinnsalen davonsilbert.

Ich weise den Beamten Fink auf die Krokuswiese hin, die hier beginnt. Lila-weiß. Des Jahres erster Farbversuch, mein Lieber! Schau dir das an! Er dreht sich weg, hält sich die Augen zu. Natur, du spinnst wohl, sagt er. Bitte, wo sind wir denn! rufe ich. In großer Höhe! Wir sprechen aus der Höhe. Schon lieben wir die Gänge an steilen Hängen entlang. Das plötzliche Aufrauschen der Bäume, als erschauere das Universum. Die Wolken wirken beschäftigt. Überall werden wir Zeugen schönster Notwendigkeit. Die Welt, ein Geschehen aus hellen und dunklen Wolken. Schneetreiben, sanft oder jäh, Sonnendurchbrüche, Eindunklungen, Besänftigungen.

Martin Walser

Die Eisblumen

Nichts ist vergänglich, nichts zertrennbar,
wenn die Erscheinung abwärts fuhr,
denn unzerstörbar, unverbrennbar
erdauern Zeichen und Figur.

Wie sich verhüllte Lettern schreiben,
Palmzweige, Königsfarn und Moos!
Ich steh vor den befrornen Scheiben,
und das Geheimnis legt sich bloß.

Ihr winterlich Betrübten alle,
schaut auf und ihr gewahrt erglüht,
daß in jedwedem Eiskristalle
der ganze Sommergarten blüht.

Werner Bergengruen

Nachwort

»Schnee, nichts als schnee – / weißer Schnee, zerträumt, / zeichen-
los«, so beginnt eines der Gedichte in dem Zyklus »Schneeharfe«
von Werner Dürrson. Dem Schnee als Phänomen erweisen Dich-
ter und Maler unterschiedlichster Prägung ihre Reverenz. Viel-
fältig geben sie ihm Gestalt in Wort und Bild.

Schnee, nichts als Schnee – und doch welche Fülle der Erschei-
nungsformen draußen winters, wenn glitzerig-weiße Kristalle
sich lautlos fallend zu Schneeflocken ballen, flaumig, vereinzelt
niederschwebend, oder in wirbelndem Tanz, in dichtem Gestö-
ber, sturmgepeitschtem Wehen, vieles bedeckend, manches be-
grabend, alles verwandelnd. Was sich da reinlich wie frisches
Linnen federleicht oder wattig – erst später – verhärtend, verhar-
schend ausbreitet über Berg und Tal, übers weite Land, zeichnet,
je länger der Schneefall dauert, alle Konturen weich, am Ge-
wachsenen wie am Gebauten, am Großen wie am Kleinen. Was
sich da vom Himmel fallend auf Erden zu türmen beginnt, rundet
unmerklich alles Eckige und Kantige – so behutsam wie beharr-
lich, und mildert, was das Auge kränkte, ins Erträglichere: in
freiem Feld, wo sich das einsame Gehöft unter der Schneelast
seines Daches duckt ins immer tiefere Weiß, in Dörfern und Städ-
ten, wo zunächst noch hastende Autos dunkle, naß glänzende
Spur auf die Straße zeichnen, dann das Tempo drosselnd nur
noch weiße Spur ins weiter wachsende Weiß, bis auch diese sich
verwischt, verschwindet. Beruhigung, ja Ruhe stiftet der Schnee,
Stille stellt sich ein. Und mancher, der zunächst noch in panischer
Gegenwehr während des nicht enden wollenden Schneefalls ge-
fangen sitzt hinter dem Steuer, wird, wenn er nicht völlig dem
sich im Jahreszeitlichen manifestierenden Kreislauf des Lebens
entwöhnt ist, staunend gewahr, wie auch in seinem Innern –
durch Naturgewalt erzwungen – Ruhe und Stille Platz greifen.
Und mancher begrüßt, was ihm dabei widerfährt, als Geschenk
des Himmels – eines wolkenschwer verhangenen Winterhim-
mels. Und wenn der sich leergeschneit hat und blaugefegt ist,

macht die frische Kühle des Schnees noch empfänglicher für die Wärme der Sonne. Und wenn diese lichtfunkelnd Glitzerspiele entfacht in jedem Schneekristall, das weißeste Weiß im weiten Schneeland blendet, Wälder und Häuser dort lange Schatten werfen, die Temperaturen der Nacht zu oder für Dauerfrost sinken, dann lassen sich nicht nur Maler staunend auf das immer wieder neue Abenteuer ein: zu entdecken, wie farbenreich Weiß aus gefrorenem Wasser zu sein vermag. Flockig durchsonnt begegnet es uns bei Monet, kühn eingebunden in expressiv gesteigerte Farbakkorde bei Kirchner, aufblauend in ruhigen Flächen bei Bräckle – nur drei Spielarten von vielen.

Schnee, nichts als Schnee – immer wieder ein kleines Wunder: welche Fülle künstlerischer Formgebung sich im Umgang mit ihm bei Dichtern und Malern offenbart – allein schon in unserem Jahrhundert, auf das diese Auswahl von Texten und Bildern überwiegend ausgerichtet ist! Welch sanfter Ansturm von Impressionen ist da ins Werk gebannt, welche Fülle des Erlebens, des Erinnerns und nicht zuletzt des Empfindens: beschaulich, beruhigend und befriedend, belebend, beglückend und befreiend, seltener beklemmend, bedrohlich. Und der durch Schnee in Dichtern ausgelöste Assoziationsfluß läßt sie Grundbefindlichkeiten des Menschseins artikulieren, deuten in Metaphern.

Schneeland ist – jenseits individueller Aussage – in der hier versammelten Lyrik und Prosa – immer wieder »Kinderland«. Schnee bricht den Bann: Kindheit – oft lange verschüttet – erwacht als Verkörperung und Verteidigung unserer Fähigkeit, glücklich zu sein, allen Widrigkeiten späteren Lebens zum Trotz, jedem zum Trost. Ein durch Kindheits- und Jugenderinnerung gespeistes, elementar sinnliches Erleben weißer Winter steigert die Intensität dieser Texte: Eislauf-Gedichte von Hesse oder Hauptmann, Prosaproben kühner Skiabfahrten wie bei Hemingway, Schwelgen in Schneeduft wie bei Epple, freieres, befreiteres Atmen in Davoser Schneeluft wie bei Thomas Mann im »Zauberberg« bürgen dafür.

Schneelandschaft, makellos in ihrem Weiß, entgrenzt, großzü-

gig, rein in ihrer Ästhetik, ist in sich schön: »Jedes Kind sollte ich
meinen, kann die Schönheit einer Schneelandschaft im Herzen
verstehen, das feine, saubere Weiß ist so leicht verständlich«,
heißt es bei Robert Walser. Wer Schönheit »im Herzen« versteht,
dessen Naturerleben erschöpft sich nicht im voyeuristischen Ge-
nuß. Von jeder Schneelandschaft geht ein unvergleichlicher Zau-
ber aus, der Dichter und Maler in ihren Bann zieht, bis sich
eigenes Erleben zum Sinnbild verdichtet. Mag Schnee durch Sur-
rogate in der rasanten Entwicklung eines sich auf immer kleinere
Sekundenbruchteile fixierenden professionellen Wintersports
entbehrlicher werden: Die Natur bedarf des Schnees dort, wo er
heimisch ist, wie eh und je. Auch die Kunst, vor allem die Litera-
tur, wird ihm die Treue halten – als grandioser Metapher. Die
Dichter haben die Schneelandschaft längst als Seelenlandschaft
entdeckt. Immer wieder kreisen Empfindungen und Gedanken
um der eigenen Füße Spur im unberührten Weiß. Wenn reinlicher
Schnee pulvrig dem Spaziergänger von den Füßen rieselt, ver-
gleicht ihn nicht nur Thomas Mann mit rieselndem reinlichen
Sand am Meeresstrand. Das Eintauchen des Fußes in Schnee, das
Stapfen in ihm, wenn er an Schwere gewinnt, wird als elementare
Berührung, die nicht Verletzung will, erlebt, als nachdenklich
stimmender Eingriff in die Natur, als Ehrfurcht gebietendes Tun.
Eine einzelne Spur im Schnee wird zur Metapher für Einsamkeit,
das Gehen Seite an Seite im unberührten Weiß wird, wenn beider
Füße Spur es zeichnet, zur Metapher der Gemeinsamkeit, Ver-
trautheit.

Schneelandschaft wird zum Meditationsraum – nach heuti-
gem Sprachgebrauch. Früher nannte man sie schlicht Ort der
Besinnung. Ein durch den Schnee retardiertes Gehen in selbstge-
wollter oder sehnsuchtsvoller Einsamkeit wird zu einem »Weg
nach innen«, der sich facettenreich in Lyrik spiegelt, »und wieder
bin ich mit mir allein«, heißt es bei Tabidse, »stilles Einsamwan-
dern macht, / daß ich deiner denke«, bei Morgenstern. Peter
Handke erfährt »auf freiem Feld«, wie »die gerade gewonnene
Namenlosigkeit, begünstigt durch den Schneefall und das Allein-

gehen Bestand« hat: »Es war ein Erlebnis, das man früher einmal vielleicht ›Entgrenzung‹ oder ›Entselbstung‹ genannt hätte.«

Die Begegnung der Dichter mit dem Schnee als Naturphänomen führt von der Impression über die Expression eigener sinnlicher Erfahrung zur Reflexion, der seelisch geistigen Durchdringung des Erlebens, mündet ins Spirituelle.

Naturgenuß und Kunstgenuß bedingen sich wechselweise, wobei sich der eine durch den anderen sensibilisiert. Wer sich einläßt auf beides, erfährt Zugewinn an Lebensfülle. Absichtslos, doch nachhaltig, kommt das heutigem Umweltbewußtsein wie heutigem Kulturbewußtsein zugute.

Gisela Linder

Textnachweis

S. 6 *Ernst Penzoldt:* »*An deiner Seite*«. In: Gesammelte Schriften in sieben Bänden. Jubiläumsausgabe zum 100. Geburtstag. Vierter Band. Suhrkamp Verlag, Frankfurt am Main 1992, S. 275.

S. 8 *Robert Walser:* »*Schneien*«. In: Das Gesamtwerk in zwölf Bänden. Band 2. Kleine Dichtungen. Prosastücke. Kleine Prosa. Herausgegeben von Jochen Greven. edition suhrkamp. Suhrkamp Verlag, Zürich und Frankfurt am Main 1978, S. 253 ff.

S. 11 *Sarah Kirsch:* »*Ort und Stelle*«. In: Schneewärme. Gedichte. Deutsche Verlags-Anstalt GmbH, Stuttgart 1989, S. 27.

S. 12 *Peter Handke:* Aus: »*Nachmittag eines Schriftstellers*«. © Residenz Verlag, Salzburg und Wien 1987, S. 54-57.

S. 16 *Robert Walser:* »*Die kleine Schneelandschaft*«. In: Das Gesamtwerk in zwölf Bänden. Band 2, S. 90 f. (s. Angaben zu S. 8).

S. 18 *Thomas Mann:* Aus: »*Der Zauberberg*«. © S. Fischer Verlag, Berlin 1924, 2. Band, S. 215 ff.

S. 23 *Bertolt Brecht:* Aus: »*Die heilige Johanna der Schlachthöfe*«. In: Große kommentierte Berliner und Frankfurter Ausgabe. Hg. Werner Hecht, Jan Knopf, Werner Mittenzwei, Klaus-Detlev Müller. Band 3/ Stücke 3. Bearbeitet von Manfred Nössig. Aufbau-Verlag, Berlin und Weimar, Suhrkamp Verlag, Frankfurt am Main 1988, S. 202.

S. 24 *Maria Müller-Gögler:* »*Erste Schneeflocke*«. In: Werkausgabe in neun Bänden. Mit einem Beiheft. Band 6. Gedichte. Redaktion Gisela Linder und Winfried Wild. Jan Thorbecke Verlag, Sigmaringen 1980, S. 192.

S. 26 *Bruno Epple:* »*Duft des Schnees*«. In: Das Buch da. Prosa. Edition Maurach 2. Verlag Robert Gessler, Friedrichshafen 1991, S. 59.

S. 27 *Ernst Stadler:* »*Gang im Schnee*«. In: Dichtungen, Schriften, Briefe. Kritische Ausgabe. Herausgegeben von Klaus Hurlebusch und Karl Ludwig Schneider. Verlag C. H. Beck, München 1983, S. 105.

S. 29 *Manfred Hausmann:* »*Weg in die Dämmerung*«. In: Jahre des Lebens. Neukirchener Verlag, Neukirchen-Vluyn 1974, S. 146 f.

S. 31 *Karel Čapek:* Aus: »*Die Fußspur*«. In: Winter. Texte aus der Weltliteratur. Herausgegeben von Anne Marie Fröhlich. Manesse Verlag, Zürich 1989, S. 390.

S. 33 *Vladimir Nabokov:* »*Schnee*«. In: Russische Lyrik. Gedichte aus drei Jahrhunderten. Ausgewählt und eingeleitet von Efim Etkind. R.

Piper & Co. Verlag, München 1981, S. 353. © (für dieses Gedicht) Rowohlt Verlag GmbH, Reinbek.

S. 34 *Ernest Hemingway:* Aus: »*Schnee überm Land*«. In: 49 Stories. Deutsch von Annemarie Horschitz-Horst. Rowohlt Verlag GmbH, Hamburg 1950, S. 175 f.

S. 36 *Hermann Hesse:* »*Ski-Rast*«. In: Gesammelte Werke in zwölf Bänden. Band 1. st 1600. Suhrkamp Verlag, Frankfurt am Main 1987, S. 42.

S. 38 *Max Frisch:* »*Davos*«. In: Tagebuch 1946-1949. st 1148. Suhrkamp Verlag, Frankfurt am Main 1985, S. 138.

S. 39 *Hermann Hesse:* Aus: »*Auf dem Eise*«. In: Gesammelte Erzählungen. Geschenkausgabe in sechs Bänden. Band 6. Suhrkamp Verlag, Frankfurt am Main 1993, S. 181 f.

S. 42 *Gerhart Hauptmann:* »*Eislauf*«. In: Sämtliche Werke. Band 4. Lyrik und Versepik. Herausgegeben von Hans-Egon Hass. Propyläen Verlag/Verlag Ullstein GmbH, Frankfurt am Main/Berlin 1996, S. 35 f. (Nachdruck der Ausgabe von 1964).

S. 43 *Theodor Däubler:* »*Schnee*«. In: Das Sternenkind. Gedichte. Insel Verlag. Anton Kippenberg, Leipzig 1916, 1986, S. 42 f. © Prof. Dr. Friedhelm Kemp, München.

S. 46 *Annette von Droste-Hülshoff:* »*Winter*«. In: Sämtliche Werke in zwei Bänden. Band 1. Gedichte. Herausgegeben von Bodo Plachta und Winfried Woesler. Bibliothek deutscher Klassiker 103. Deutscher Klassiker Verlag, Frankfurt am Main 1994, S. 84.

S. 47 *Hermann Hesse:* »*Schnee*«. In: Die Gedichte. Neu eingerichtet sowie um eine Auswahl der nachgelassenen Gedichte Hermann Hesses und um ein Nachwort erweitert von Volker Michels. Suhrkamp Verlag, Frankfurt am Main 1992, S. 463.

S. 48 *Franz Michael Felder:* »*Winternacht*«. In: Sämtliche Werke. Band 1. Nümmamüllers, Erzählungen und Gedichte. Herausgegeben vom Franz-Michael-Felder-Verein. Vorarlberger Literarische Gesellschaft. Kommissionsverlag H. Lingenhöle & Co., Bregenz 1978, S. 354 f.

S. 49 *Werner Dürrson:* »*Winter, große Etüde…*«. In: Werke. Band 1. Dem Schnee verschrieben. Gedichte. Elster Verlag, Baden-Baden 1992, S. 141. © Werner Dürrson, Riedlingen.

S. 50 *Heinrich Heine:* »*Ein Fichtenbaum steht einsam…*«. In: Werke. Band 1. Gedichte. Ausgewählt und herausgegeben von Christoph Siegrist. Insel Verlag, Frankfurt am Main 1968, S. 43 f.

S. 51 *Christian Morgenstern: »Winternacht«.* In: Gesammelte Werke in einem Band. R. Piper & Co. Verlag, München 1989, S. 53.

S. 52 *Gottfried Keller: »Winternacht«.* In: Sämtliche Werke in sieben Bänden. Band 1. Gedichte. Herausgegeben von Kai Kauffmann. Bibliothek deutscher Klassiker 125. Deutscher Klassiker Verlag, Frankfurt am Main 1995, S. 191.

S. 53 *Günter Eich: »Februar«.* In: Gesammelte Werke in vier Bänden. Revidierte Ausgabe. Band 1. Herausgegeben von Axel Vieregg. Suhrkamp Verlag, Frankfurt am Main 1991, S. 69 f.

S. 54 *Paul Celan: »Schneepart…«.* In: Schneepart. Historisch-Kritische Ausgabe. 10. Band/1. Teil. Text. Herausgegeben von Rolf Bücher unter Mitarbeit von Axel Gellhaus und Andreas Lohr-Jasperneite. Suhrkamp Verlag, Frankfurt am Main 1994, S. 23.

S. 56 *Wilhelm Müller: »Erstarrung«.* In: Die Winterreise und andere Gedichte. Herausgegeben von Hans-Rüdiger Schwab. it 901. Insel Verlag, Frankfurt am Main 1986, S. 45 f.

S. 57 *Galaktion Tabidse: »Schnee«.* In: Winter. Texte aus der Weltliteratur. Herausgegeben von Anne Marie Fröhlich. Manesse Verlag, Zürich 1989, S. 92 f.

S. 60 *Hermann Hesse: »Februarabend«.* In: Gesammelte Werke in zwölf Bänden. Band 1. st 1600. Suhrkamp Verlag, Frankfurt am Main 1987, S. 29.

S. 61 *Martin Walser: Aus: »Finks Krieg«.* In: Werke in zwölf Bänden. Band 7. Herausgegeben von Helmuth Kiesel unter Mitwirkung von Frank Barsch. Suhrkamp Verlag, Frankfurt am Main 1997, S. 387 f.

S. 62 *Werner Bergengruen: »Die Eisblumen«.* In: Die Heile Welt. Gedichte. Verlag Die Arche, Zürich 1950, S. 228. © für dieses Gedicht by Dr. N. Luise Hackelsberger.

Bildnachweis

Caspar David Friedrich: Frühschnee, um 1828. Hamburger Kunsthalle, Foto: Elke Walford.

Claude Monet: Die Elster, 1869. Musée d'Orsay, Foto: Lauros-Giraudon.

Hermann Hesse: Bei Arosa, 1928. © Heiner Hesse, Arcegno.

Ernst Ludwig Kirchner: Davos im Schnee, 1923. Kunstmuseum Basel, © Dr. Wolfgang & Ingeborg Henze-Ketterer, Wichtrach, Bern 1997.

Bruno Epple: Einsame Möwe, 1987. © VG Bild-Kunst, Bonn 1997.

Fritz Bleyl: Spuren im Schnee, um 1905. Brücke-Museum, Berlin, Foto: Roman März.

Giovanni Segantini: Die Schlittenfahrt, 1890. Privatsammlung, Foto: Kunsthaus Zürich.

Hermann Hesse: Chantarella, 1932. © Heiner Hesse, Arcegno.

Ernst Ludwig Kirchner: Eisläuferin, 1929/30. Galerie Wazzau, Davos, © Dr. Wolfgang & Ingeborg Henze-Ketterer, Wichtrach, Bern 1997.

Alfred Sisley: Winter in Louveciennes, 1878. Staatsgalerie Stuttgart.

Otto Dix: Winter in Hemmenhofen, 1957. Privatsammlung, Foto: Werner Stuhler, © VG Bild-Kunst, Bonn 1997.

Jakob Bräckle: Winterlandschaft, 1959. Orangerie Draenert, Immenstaad.